Kurt Sigel

Widerworte

Widerworte

Gedichte • Lieder • Nonsensverse

LYRIKEDITION 2000

Die LYRIKEDITION 2000 ist ein BoD™ Verlag der Buch & medi@ GmbH. Dieser Verlag publiziert ausschließlich Books on Demand in Zusammenarbeit mit der Books on Demand GmbH, Norderstedt, und dem Hamburger Buchgrossisten Libri. Die Bücher werden elektronisch gespeichert und auf Bestellung gedruckt, deshalb sind sie nie vergriffen. Books on Demand sind über den klassischen Buchhandel und Internet-Buchhandlungen zu beziehen.

Weitere Informationen über den Verlag und sein Programm unter:
www.lyrikedition-2000.de

August 2001
LYRIKEDITION 2000
Ein BoD™ Verlag der Buch & medi@ GmbH, München

Umschlaggestaltung: Bauer+Möhring, Berlin
Herstellung: Books on Demand, Norderstedt
Printed in Germany · ISBN 3-935284-89-6

Verse zum Überwintern

Zu spät

Da hab ich
ein Fuchspärchen großgezogen
in deinem Kopf,
einem Kuckuck das Nest gebaut
unter deiner Zunge.

Einen Waldbrand hab ich genährt
an meiner Wange,
geschürt in deinen Augen die
knisternde Glut,
den Funken zu Wind verholfen.

Zu spät! Der Kuckuck
ist ein brennender Pfau geworden,
das Fuchspaar ein Flammenrudel,
deine Lippen
wütende Feueressen.

Mit welchem Lasso kann ich sie fangen,
hinter was für Gitter
muß ich sie sperren? Wie
zähmen dein wildes
Brandstifterherz?

Armer Tropf

Der da Grimassen zieht
in deinen Mundwinkeln
und lausige Kanonaden spuckt
gegen den Wind.

Ich hab ihn gekannt als er
noch jung war,
ein pfiffiger Schelm, wohnlich
eingerichtet in deinem Grübchen,
aufgelegt immer
zum Kichern.

Jetzt,
zwischen der Zahnlücke,
hütet er sein Feuerchen,
friert, macht den Rücken krumm
und bellt rachitisch.

Nicht auszudenken,
wenn ihm sein Vorrat an Kohlen
ausgeht,
an Flüchen.

Für dich

Dir zuliebe
einen Sack Flöhe husten,
den Träumen
feurige Runen in die Schultern brennen,
den Wind foppen oder
dem Mond eine Schelle umhängen.

Dem Schlaf
das Sandmännchen schicken,
mit dem Blitz
Knüppel aus dem Sack spielen,
dir zuliebe.

Mit dem eigenen Skelett,
das Blut spuckt,
um die Wette pokern,
der Nacht
ein Nordlicht aufstecken,
wenn's hagelt –

dir zuliebe.

Späte Befürchtung

Ich, gealtert,
in Runzeln gekleidet, geduldig,
was soll ich tun,
wenn deine Hüften Feuer stiften
in meinen Augen?

Was,
wenn dein Gelächter im
Glockenstuhl züngelt
und der rote Hahn zur Messe läutet?

Wer schafft mir ein
Gewitter dann,
einen prasselnden Regen, wer
eine Schleuse voll Sand?

Meditation über die Vergänglichkeit

Die Sterne waren duftende Lebkuchenherzen
damals,
die Luft hatte Blumen geflaggt,
und das Glück, ohne Verstand,
verteilte für zwei Groschen windige Eintrittskarten.

Was tun
wenn uns der Wintervorrat an Sprüchen ausgeht,
das letzte Loch
zu pfeifen beginnt,
das Flämmchen unserer Liebe im kalten Sturm
schwindsüchtig flackert?

Aus den zärtlichen Vögeln in deinem Haar
sind struppige Biester geworden,
fett von unseren Sorgen und immer
sich raufend.

Hungrig,
eine Klapper zwischen den Zähnen,
laß uns das bißchen Kleingeld unserer Erinnerungen
für ländlichen Fusel
verspielen, für eine Kippe.

Boheme

Der Regen hält eine schmatzende Predigt.
Die Sperlinge führen wütende Anarchistengespräche.
Der Müllkastendeckel im Hinterhof plärrt.
Halte dein Hemd in den Wind, die versporte Fahne,
vielleicht, daß sie ein Zeichen dir gibt.
Streu Gerüchte, bitter, ins Vogelfutter, wünsche
der Nacht guten Morgen und halte dein Kreuz steif.
Träume von einem Mahl ohne Schimmel, einem Fisch,
der nicht stinkt, einem glühenden Ofen und zwei
weißen, sehr zarten, gewaschenen Füßen. Geh,
und verdien dir ein Trinkgeld!

Unwürdige Wohnstatt

Wo sich die Albträume gute Nacht sagen,
der Frost Eiszapfen bläst,
hier im toten Winkel deines Herzens
lebe ich,
schnüffle in allen Ecken,
suche ein Stück Rinde gegen den Hunger,
deinen Atem,
mein Feuer anzublasen,
ein Scheit mich zu wärmen.

Wo mein alter Husten
sich über den Tisch krümmt,
mein Rheuma kichert, hier
warte ich,
geduldig,
auf vergangene Zeiten.

Aber die Worte, die schönen Gefühle
sind lange verheizt.
Kalt ist es, finster.
Draußen
bellen die Winde.

Clochards

Dein graues
Sperlingsherz, ich fühl's,
hat Angst vor dem Schnee.
Wie es hüpft in meinen Händen.

Nimm den Mantel ab,
den Schal.
Keiner stört uns hier im Gerümpel,
zwischen rostigen
Mitternachtsrosen, Konfetti.
Nur die Ratten,
das liebe Gesindel, ohne
Respekt.

Den Träumen gib
eine Rückfahrtkarte, gratis.
Wir haben genug Wind
in den Löchern,
genug
Dezembermondsilber
im Gepäck.

Deinen Schrei aber
laß mich über den Schutthalden hissen.
Die Clochards, meine
hungrigen Freunde,
werden sich freuen.

Tippelbruder

Im Herbst
wächst ihm ein Kornfeld
aus den Ohren.
Die Sperlinge raufen darum.

Kalt werden die Nächte.
Nicht lange
und die Feldmäuse nisten wieder
in seinen Bronchien.

Nur unterm Brustkorb
der Vogel
findet kaum noch Futter.
Das bekümmert ihn.

Gammlers Mondlied

Mond,
schräg überm Thekenbett,
hast löchrige Socken an,
wie ich ein
zerschlissenes Hemd
aus Seegras oder
Beton.

Hier liege ich, singe
von unserer großen Masche,
Mond,
von der großen – du weißt schon –
unflätigen Liebe,
Pervitin oder
Wien.

Hast du
fünf Groschen für mich, vielleicht
eine kanarische Insel,
eine Wolke aus weißem
Gelächter?

Ich geb dir dafür
zwei streunende Schenkel,
einen Blasenkatarrh,
und obendrein, wenn du willst, die
Weisheit
des Nichts.

Spät,
wenn die Langeweile
Zähne bleckt,
stänkert,
ersäuft das schnorrende
Herz
unserer Kumpanei
in einer Bierpfütze,
Mond.

Mit mir nicht

Genug, deine Schliche kenn ich,
ich weiß, was du vorhast:
meinen Schatten an der Leine führen,
meinen Träumen womöglich
einen Rollstuhl verpassen.

Ich danke für den zwitschernden Trog,
erspar mir den süßen Geruch.

Ich weiß was du willst:
meinem Sanftmut
ein gepolstertes Nest bauen,
ein trautes Schafott
meiner Liebe.

Alte Männer

In der kühleren Jahreszeit
verschwinden sie
mit den Bänken.

In ihren Krücken
humpelt argwöhnisch der Tod.

Es kommen
die schlaflosen Nächte,
aber die Einsamkeit
ist eine schlechte Geliebte.

Wer will
kann mit dem Schüttelfrost
schlafen gehen.

Zuweilen schmeckt
die Luft nach grobem Tabak
wie eine Erinnerung.

Wenige kommen wieder
in der wärmeren
Jahreszeit.

Vorschlag zum Überwintern

Kein Futter mehr
den kranken Läusen in deinem Scheitel,
deinem Lächeln
gib eine Grimasse zu beißen,
deinen entzündeten Augen erläutere
die Vorteile des Schielens.

Kein Asyl mehr den Flöhen.
Genug,
daß ein hungriges Asthma
in deinen Bronchien sich breit macht.

Spätestens zu Weihnachten
schnall deinen Vogel ab,
wirf
deinen Buckel ins Feuer.
Im kalten Stroh
laß dein Holzbein überwintern.

Vogelscheuche

Dies Pfeifen
unter der Stirn.
Der Wind, der Allotri,
geht ein und aus.

Bald werden die Mäuse
meine Augen als
Sternwarte benutzen.

Vielleicht,
wenn unterm Schädel
ein Spatzenpaar zwitschert,
werde ich fliegen.

Spätes Vermächtnis*

Ich hatte mir ein Grab gewünscht
in der finstersten Wolke,
ein Grab aus Hagelschauern,
um Schabernack zu treiben mit den Rudeln der Blitze,
um nachts unter den Dielen zu spuken
im Haus meiner lieben Verwandtschaft.

Jetzt sind meine Wünsche stumm
und was mir im Leben gehörte, verschenke ich leicht.

Meine Träume vermache ich den Geiern und Landstreichern,
meine Sehnsucht den Liebenden,
meine Gedanken dem Regen oder der aufblühenden Luft,
der Erde mein unfruchtbares Fleisch.

Ich will den Wind bitten, daß er Löwenzahn
wachsen läßt über meinem Haupt
oder eine staubige Distel.

*Variation eines Themas von Zbigniew Herbert

Stammtisch

Die Gedanken
haben Scharfschießen heute.
Hohe Biertischstrategie.

Ideen:
Spätestens beim vierten Glas Korn
wird ihnen der Kopf zu eng.
Es raucht.

Ein ganzer Löschzug vonnöten.

Säufers Schlaraffenlied

Eine Landschaft
wo Zigaretten an den Bäumen wachsen,
Fusel aus den Felsen springt
und die Polizisten
freundliche Strauchdiebe sind, Komplizen oder
amtlich bestallte
Fänger gebratener Hühnchen.

Der Mond ein
Kneipenwirt,
der unverdrossen aus seinem Bauch schenkt
Wein, roten und weißen.
Und die Sterne ewig beschwipst.

Alle Sträucher duften nach Schnaps.
Die Rinnsteine blühen.
Und der Wind
ist ein schüchterndes Freudenmädchen,
das stumm seinen Schoß öffnet
und dir aus den Stirnfalten kämmt
die Sorge:
wo einen Schlafplatz herkriegen
jede Nacht.

Im warmen Gelächter
darf wohnen, wer bettelt.
Keine Miete zahlen
die Säufer.

Dahin per pedes,
oder in eine fliegende Theke gepackt
die lausigen Träume.
Das Bündel Klamotten, zollfrei,
trägt seinen Besitzer
leichter als Dunst.

Zuletzt

Das Alter
geht in Lumpen einher.
Warum daran schleppen?

Ehe die Wünsche
an Auszehrung sterben
begrabt sie
im Schatten einer Vogelscheuche.

Sperlinge! Sperlinge!
Gesindel
pickt mir die Sprüche
aus dem zahnlosen Mund.

Und am morschen Gebein
nagt eine Ratte
allerliebst.

Kleiner Trost

Heute wärmt mich die Aussicht
bald einen soliden
Schlaf zu tun,

oder mit den Schwalben
zu frühstücken,
sofern die Seele leicht ist.

Meinetwegen
mit einer Mückenwolke zu tanzen,
abendelang.

Ich wär zufrieden
mit einer Regenrinne
als Hades.

Romantische Gedichte

Für Doris

Liebesgedicht

Stimmbänder
dünn gespannt über mir
wenn der Abendhauch
sie rührt ganz leise
erkenne ich sie:
deine Stimme
wie Harfenton in der Luft

Und jenseits
der Hügel am Horizont
das zarte
Rosa deiner Wangen
das mich wärmt
tief innen
bis in die entfernteste
Schattenkühle
meines Herzens

Verschüttet

Das lag
lange verschüttet in mir

Der Mut
einfache Worte zu sagen

Zum Beispiel leise zu sagen:
ich liebe dich

Worte wie heitere Vögel
in deiner Seele

Worte Harfensaiten
leise zum Schwingen gebracht

Worte wie Wind Blume
und: schön bist du Liebste

Das lag
lange verschüttet in mir

Du

Du gehst
zwischen zwei Feuern
unsicher taumelnd
im Zwist der Gefühle
versengt schon im Innern

Du gehst
zwischen zwei Gletschern
im Eishauch fröstelnd
unglücklich jetzt
und immerfort fürchtend
einmal vom Eisfluß
erfaßt zu werden von Kälte
zu sterben im Eis

Ich aber will
Feuer sein für dich
das dich wärmt von innen
und nicht verzehrt
ich will Eis sein
das dich zärtlich umschließt
und kühlt
wenn du fieberst

Ich will sein
Eis und Feuer für dich
wenn du es brauchst
zum Leben

Nachts

Nachts spät
wenn die Stille den Atem anhält
bist du bereit
dich gänzlich fallen zu lassen
Liebste

Dann endlich
wirst du Gitarre melodisch
tönender Schoß
einzig Resonanzkörper nur
unserer Liebe

Singende Saiten
in dir
die ich spanne und schlage
und die mich nähren mit Tönen
jede Nacht

Das Bittere

Du bist bei mir heute
und schweigst
dein Gesicht eine offene Wunde

Dies Schweigen
eine eiskalt geballte Ladung
aus Vorwurf Zorn und Gekränktsein

Ein einziges Wort nur
ein Wort von mir mit falscher Betonung
kann sie entzünden

Du hast mich verraten
steht kalt und stumm in deinem Gesicht
und: du wirst es tun immer wieder

Soll ich verzweifeln
oder stetig anrennen gegen das Nicht-
vergessenwollen in dir?

Zerknirschung nimmst du nicht an
von einem der häßlich wurde zu früh
in deinen und anderer Augen

Das Bittere wird kosten
für das es sich lohnen schien zu kämpfen:
unsere Liebe

Befreiung

Ich will
eine Eruption der Tränen
die alle Schleusen öffnet
die Ströme entfesselt
Wirbel und Strudel
eine wütend sich wälzende
Flut glühender Lava
die alle Schlacken in mir
schwarze Gedanken Wünsche und Träume
jählings hinwegschwemmt

Die aufbricht
die Mauern aus Schweigen
hinter denen ich weiß
mein anderes Ich verschanzt ist
mein gekrümmtes
viel zu lange verstummtes
schlechtes Gewissen

Herzriss

Ich reise mit dir
in meine Einsamkeit
unbemerkt aber
legst du einen Hinterhalt
nächtlich
in mein Herz

Am Morgen stirbt es
zerrissen

Mimose

Immer nur dem Lied der Grillen zuhören im Kopf
dem Geräusch der Flimmerhärchen im Seelenwind
das Gras wachsen hören im Aug des Zyklons
hören wie aus Raunen und Flüstern der Schrei wird
und sich formt zum klaffenden Maul
Schlund der dich verschlingen wird Mimose
wenn du nicht zeitig dich sträubst
dich wehrst und Stacheln treibst im Finstern
und aufwachst als Rohrkrepierer

Verlorene Nähe

Als du noch da warst
atmeten die Wände

Es gab mir Ruhe
dich bei mir zu wissen
schlafend mit leicht geöffneten Augen
im anderen Zimmer

Dein Dasein
bestimmte mein Sein

Deine Nähe
gab mir Kraft weit entfernt zu sein
beim Schreiben

Sicher
ich konnte dir nie ganz meine Liebe zeigen
verborgen war sie im Schreiben
dies Gedicht schreibend
zeig ich sie dir

Was aber soll ich nun ohne dich
in diesen vier Wänden?

Mein Leben ist Schreiben
und schreiben kann ich nur selten:
wenn du bei mir bist am Tag
am Abend –

Wenn du bei mir wärst
könnte ich wieder schreiben
und leben
jenseits der Einsamkeit

Herzflammen

Innen tief
scheu unterm Herzschlag
brennt
mit der Schärfe von Klingen
die Liebe

Daß aus dem
Ofen des Herzens kommend
die Liebe jetzt
die Welt in Flammen setze

Keine Nahrung
bliebe dem Haß

Todesarten

Die Worte sind
versiegt die tödlichen Worte
um uns wie eine Hülle
froststarre Luft die
Einsamkeit

Jetzt das
Lächeln eines anderen als
Tarnkappe benutzen
eintauchen in das Schweigen
zwischen dir und mir

Ins Dunkel deiner
Pupillen springen tief
und leicht ver-
dunsten auf deiner Haut

Und immer
zusammen ins Leben
sterben

Selbstportrait

Für alle
die ihn sehen können:
ein Eigenbrötler
mit speckiger Mütze und
ausgebeulten Hosen
hochnäsig oft
wortkarg und immer
in sich gekehrt

Für alle
die ihn zu kennen glauben:
ein einsamer Sänger
der sich auslebt mit Worten
rüden scharfkantigen
und den vielen Zischlauten
des Dialekts

Allein mit sich
gibt er seinem Fahrrad die Sporen
sommers und winters
oft an nebligen Tagen
verwachsen zu Fabelwesen beide
unbestimmbar
für leutselige Nachbarn
und Zoologie

Ein müder Rebell
von gestern alt jetzt
mit gebrochener Stimme und zahnlos
wenn es zu beißen gilt

ein Blindgänger des Heute
müde vertrottelt und faul
und gesellig nur
wenn die Gesellschaft ihn mag
doch immer noch skeptisch
bis heute

Fesseln stets fürchtend
wo man ihm Bindung anträgt:
Kontrolle statt Herzvertrauen
und Liebe
die einen Hort zum Verlies macht
mit Strahlschloß
und goldenen Gittern? –
und immer gewärtig
Furcht und Leere die dunkle
Bedrängung des Ich

Dem zu fliehen
wünscht er das Leben doppelt
und sucht verdoppeltes Leben
in der Herausforderung
dies erkennend
macht er Schritte endlich
zu sich
im Schreiben

Lieder, Spass- und Bissgedichte

Nasengedicht

Wenn einer eine freche Nase hat
seine Nase in alles hineinsteckt
sich die Nase begießt
und immerfort die Nase rümpft
sich alles unter die Nase reiben
und immer an der Nase herumführen läßt
soll der seine Nase noch behalten?

Wenn einer eine nasse Nase hat
eine Nase die ihm ständig wegläuft
die er schneuzen und festhalten muß
einen Kolben eine Rotzschleuder eine Gurke
eine rotgedunsene Schnupfensprühdose
eine Nase die andere Nasen
ansteckt und krank macht

Ehrlich
soll der seine Nase noch behalten?

Der blaue Reiter

Der blaue Reiter
fällt aus dem Rahmen
sein Pferd tut lahmen
das macht ihn heiter

Der blaue Reiter
verramscht seine Sporen
die Stiefel und Ohren
und Knie und so weiter

Im Küchenwaschbecken
klebt eine Schnecken –
auf der hüpft er weiter
der blaue Reiter

Märchen

Schneeputtel Drosselstilzchen
hat ein Läusefilzchen
geerbt vom Rumpelwittchen
im Kittchen

Das Wittchen legt's der Rapunzel
unter die Funzel
die gibt's dem Allerleihröschen
ins rauhe Höschen
von da kommt's zum Dornweißchen

So dreht sich's im Kreischen

Furunkel

Ich schneide ein Furunkel
dem Schneewittchen aus dem Zeh
so dick wie eine Runkel
und schmeiß es in den Schnee

Ich seh nichts mehr ‘s dunkel
schreit da das süße Wittchen
gib her mein schön Furunkel
sonst bring ich dich ins Kittchen

Ei so ein dummes Flittchen
am Tag ist doch nicht dunkel
du Simpel! schreit das Wittchen
ich guck mit dem Furunkel

Kindergebet

Lieber Gott mein Herz ist rein
Marlenchen hat mein Ei gegessen
Marlenchen soll der Böse Wolf
heut nacht im Bettchen fressen

Lieber Gott sei du der Hänsel
ich will die Gretel sein
und schmeiß die alte Knusperhex
tief in den Ofen rein

Ich bin klein mein Herz ist rein
ach lieber Gott laß dich nicht lumpen
tu gleich die Oma und die Tante
ins Feuer mit reinstumpen

Doppelt

Einer kann viel mehr wissen
als sieben Gescheite
zwei wissen mehr als einer
aber doppelt so blöd wie einer
sind nur zwei Blöde

Viel und Nichts

Nichts und nichts gibt gar nichts
bißchen und bißchen gibt ein bißchen mehr
etwas und noch etwas
gibt zuletzt ganz viel
ganz viel und noch mehr ganz viel
ist nicht mehr auszuhalten

Tiefschürfend

Was sein muß muß sein
warum? sein muß halt was
muß denn was sein was nicht sein muß?
was nicht sein muß muß nicht sein
muß überhaupt etwas sein?

Hast du was

Hast du was bist du was
hast du nichts bist du nichts
hast du was und bist du nichts
bist du blöd

bist du blöd und hast du was
bist du auch was
hast du nichts und bist du was
wie machst du das?

Gegensprüche

Aus den windigen Sprüchen den Wind herauslassen
den geflügelten Worten die Flügel stutzen
manchen Weisheiten die Weisheitszähne ziehen
auf den Kopf stellen was keinen Kopf mehr hat

Hund und Wurst

Kommt einer mit der Wurst
wedelt der Hund mit dem Schwanz
kommt einer mit dem Hund
wedelt die Wurst mit dem Schwanz
wedelt der Hund mit der Wurst
kommt der Schwanz auf den Hund
ist der Hund auf den Schwanz gekommen
ist die Wurst auf den Hund gekommen
wenn der Schwanz zu der Wurst kommt
ist der Hund auf den Hund gekommen

Die Reichsmeise

Wwennsse wwollenn mmich kkennennllerrnnenn
ddann lleggenn Ssiee ssicchh auffnn Bboddenn
unn ggucckenn Ssie mmirr inn ddie Nnassennlöccherr
SIE
Unverschämter Reisevertreter
ungebetener Leisetreter
weise verwöhnter Speisenvergrämer
unvergrämter Leiseverreiser
leise getretener Scheißezerbeißer
beißend verwesene Grämermeise
Leichen verheißender Reichsverweser
verwesungsheißer Meisenkaiser
leichenzerbeißende Reichsmeise

Schreckliches Lustmörderliedchen

Ich leg ihr leise meine Finger auf die Augen
und drück fest zu und laß die hübschen beiden
trotz Bettel Schrei und Ach sanft aus den Höhlen gleiten
zum Beischlaf wird sie hinfort nicht mehr taugen

Ich lege meine Tatzen auf ihr stupsig Näschen
und kraul ein bißchen Schleim vom Nasenbein
und quetsch dann zärtlich ihre blonde Gurgel rein
da liegt es stumm und brav das weiße Häschen

Und knickknack brech ich schlitz ich tu ich Süßes saugen
aus ihrer Brust da sickert dünn ne Ri-Ra-Rose
ich deck sie zu mit einer Taubenfeder lose
zum Beischlaf wird sie hinfort nicht mehr taugen

Schatz

Du Hautduft von heißem Kaffee und Augen röstmandelfrisch
und Fahrradklingeln winzig in Knöcheln so lieb ich dich Schatz
in Mundwinkeln lustiges Spatzengesindel ein Kratz für die Katz
lugt hervor hinterm Ohr doch flossenmunter der Zungenfisch

Kriegt Futter das Luder tut sich was rauft sich welch ein Geschleck
runter jetzt mit dem Plunder Brustwarzen niedlich Schokoladengebäck
der Nabel sündenzartes Pfirsichbabel drauf einen Schmatz
die Herzkacheln gescheuert Gefühlchen erneuert so mag ich dich Schatz

Lieder für eine Schaffnerin

I

Die Nacht hat Vogelnester dir ins Augenlid gedrückt
der Mond schlägt Rad ein weißer Honighintern feixt verzückt
wir spielen Katz und Maus dezentes Bauchverrenken
heut will ich schöne Schaffnerin ein Herz aus Mist dir schenken

Ein Haus aus Rattenmief und eine Straßenbahn aus Luft
ich weiß es schmeckt dir nicht ich bin ein Schuft
ich bin ein Allesfresser Widertäufer tanz ein Bacchanal
und früh wenn dumpf der Morgen graut fress ich dich ratzekahl

II

Im Besenginster lieg ich unterm Wolkensaum
rings gallt und nachtiflötets lind und flaum
darüberhin der Augenhimmel der auf Herz sich schleimt
auf Rosen Kosen Blüh auf Zittern reimt

O Knabberschönste Allermieze weiche Wonneleiche
daß Achselmief und Mondesglüh den Trank dir reiche
voll Falterzart und Sternenglimmerfeine ist dein Reiz
jetzt bin ich hier und du bist nabelfrei bereits

Komm laß dein blaues Zähneblecken einen Kuß ergattern
dein Lüft-den-Hintern-Liedchen furchtlos maiwärts flattern.
ach! schneller magst du nie im Blumenwind verreisen
da wie der Liebste dich die Waldameisen beißen

Seefahrerliedchen

Ich falt mir eine Hochseejacht
aus Zeitungspapier
und schiff durch die Abendflaute
Liebste zu dir

Pausbackig blas ich mir selbst
den Wind in die Segel
meine Augen fliegen voraus
zwei zärtliche Vögel

Mein Kompaß sitzt unterm Brustkorb
nur ich kann ihn lesen
vielleicht bin ich früher der Christof
Columbus gewesen

Um Mitternacht ankert mein Schiffchen
an ersehnten Gestaden
ich nehm in Besitz dann dein Herz
Bauch Nabel und Waden

Nachtliedchen

Die Nacht ist warm und semmelblond
wäscht mir vom Herz den Schimmel
und oben rundet sich gekonnt
ein schwarzer Strumpfbandhimmel

Komm schenk dich mir für eine Stund
du bist mein Tischlein-Deckdich
dein Aug ist klar dein Hintern rund
ein rechter Popo-Schleckmich

Doch deine Marmeladenschnut
macht mich vor Liebe toll
du weißt mein Schatz wie gut es tut
das Flötenspiel in Moll

Genug zu viel vertrag ich nicht!
mein Kerzendocht verglimmt
daß mich der Mond das Bocksgesicht
nicht auf die Hörner nimmt

Ach Amor der verschmitzte Knilch
liegt auf der faulen Haut
der Morgen löffelt seine Milch
mein Traum ist abgekaut

Mondliedchen

Ich hab im Stall den Sündenfall
und einen Hurrican
der bläst uns beide nach Wallhall
der Mond ist unser Kahn

Ich bin dein Knüppel aus dem Sack
tanz auf der Liebesau
am Morgen ist der Mond ein Wrack
der Ring ums Auge blau

Das Raufundrunter-Märchenland
verfliegt wie dünner Rauch
der goldne Mond ist abgebrannt
mein Zauberstäbchen auch

Gustav

Soll er mal
versuchen soll ers mit
mir nicht nicht mit
mir soll er da
hat er sich aber getäuscht
gewaltig
hat er sich der
Drecksack
das versoffene immer
mit ner Schnapsfahne
sich prügeln rumtreiben
saufen das kann er
mich mal
am Arsch lecken jawoll am
letzten Dienstag
hat er sich auch o
dieser dreckige
Mensch
enskind nee was
heul ich mir die
Hucke soll er vollkriegen
sollen sie ihm nur
die Fresse sämtliche
Knochen o
Gottogottogott nur
das nicht ich
habs nicht gewollt er
ist doch wirklich ein
Mensch ein
lieber der Gustav

Lisbeth

Lisbeth sag ich was
denn sagt sie
Schätzchen sag ich nimm
die Pfoten weg du
Lümmel sagt sie stell
dich nicht so an du
Luder sag ich
laß mich sagt sie ei
dann eben nicht
sag ich bist du
beleidigt sagt sie Miststück
sag ich Schätzchen
sagt sie

Dudu sagt sie was
denn sag ich
du reißt mir alle Knöppe sagt
sie Knöppe sag ich
einer iss schon
sagt sie wart mal sagt sie
ah sag ich du
Frechdachs sagt sie aua
sagt sie

Süßer sagt sie was denn
sag ich
du sagt sie dein
Pimmel sagt sie

Spass

Wollen wir du
und ich ne
Menge Spaß
du wollen wirs
treiben
du und ich ne
Weile treiben
vorn und seit-
wärts
lustig treiben
wolln wir
fragt
er lieber
Himmel warum fragt er
noch ich
will ja will
nen Spaß ja
lieber
Himmel Spaß ne
Menge ich und
er na
endlich
greift er endlich
tut was streichelt
macht
das Spaß ne
Masse Spaß oh
lieber
zittert ach der

zittert
bis er mal den
Schlüpfer
endlich
Angst nee
Spaß ja
was denn will
das Ding
nich hart zu
weich ja
lieber Himmel hängt
das ach
und zittert das
ist mir ein schöner
doch
jetzt
kommt er langsam
kommt ein
schöner
komm oh
komm schon
endlich ah ein
Spaß ne dolle
Masse
Spaß

Voksmund

Der hat ein scharfes Gebiß
der läßt sich keinen Maulkorb umbinden
der säuft kein Zuckerwasser
der läßt sich keinen Knebel zwischen die Zähne schieben
der stinkt nicht nach Mundfäule
der hat keine Plomben nötig

Der rülpst wenn es ihm schmeckt
der schmatzt wenn er kaut und brüllt vor Lachen
wenn ihm der Spaß den Gaumen kitzelt
wenn die Witze herumturnen auf seiner Zunge
der hat seine spitzen Sprüche unter den Backen
angesammelt wie Rotz zum Spucken

Babbel-Gedabbel
Frankfurter Lautgedicht

I

Schlaach de faasch
morschegell niks
in de riwwenaa grieh
runnebesch halle

Owwwenei werrn
lossemerr diggese kaa
onnekieh bolle na gaaß
rennemersch weck

Uilawwe
regg derr net fei
fumaasch di brieh
vom bobo die sooß

II

Naa zeweech de redde
ei haach deriwwer kall
schorschewittche bosse
utzehingel ball

Laafe scheene erne
wiggel hack e beem
babbeldudde ressjer
mords meschugge eem

Olle runni bembel
bissi naggisch krach
duh se merr halt holle
die zwetsche uffem dach

III

Babbeldabbel
middem schnawwel
reddsie
rabbelkrabbel
iwwerm nawwel
schätzi!

Luzie

Ein Gedicht ist ein Gedicht
ist ein nicht Luzie du bist schön
schön bist du nicht Luzie
lu bisch tön Tuzie nich
bischtu lunich tönnzie
schibulzietönnichtu

Was für ein Kerl

Halluszinierender Tiefschlafbeisitzer
hallo Sie Tiefeischlafsitzer
Sie na Tiefsitzbeischläfer
hulla zie Tiefschlafeiritzer
Luzie ha schlaf tief Eikitzler
hu Ritzei laaf schiefer
hazie o fietlaaf Scheifizzer

Versäumte Träume

Einer träumt daß er einen Traum über Versäumtes versäume ein anderer träumt er versäume zu träumen daß er einen Traum über Versäumtes versäume ein dritter träumt er träume daß er einen Traum träume in dem er versäume einen Traum über Versäumtes zu träumen alle träumen also Geträumtes über Versäumtes zu versäumen was aber soll werden wenn sie versäumen zu träumen daß sie Träume über Versäumtes versäumen?

Monstrum

Angenommen Sie haben einen Kopf
auf dem Hals und Haare auf dem Kopf und fünf
Finger an jeder Hand zwei Beine zwei Füße
und die Zähne sind in Ordnung und Sie nehmen
die Beine in die Hand und die Haare vom Kopf
und die Zähne aus dem Mund immer
vorausgesetzt Sie haben einen Kopf
Angenommen also Sie nehmen den Kopf vom Hals
und die Füße von den Beinen immer vorausgesetzt
Sie haben Füße und die Füße sind
in Ordnung fünf Finger an jedem Fuß
und die Beine hängen ihnen zum Hals heraus
und die Hände haben Haare auf den Zähnen
und der Kopf hat kalte Füße und die
sind von den Socken nur einmal angenommen
und vorausgesetzt das alles sei in Ordnung:
Lieber Herr Ihre Natur möchte ich haben!

Hexenlied

Trotz feiner Kleider ist sie keine Fee
dem Teufel schnell sein Ohr abschwätzen kann sie
aus ihrem Schmutzhals wächst der Klee
mit jungen Ratten will sie stinkbesoffen tanzen

Leg dich hin du Rattenfürstin und bleib stehn
meine Hühneraugen wollen auch was sehn
Flenn und Lachen trägt sie oft zusammen
wenn ihr Maul davonläuft will mein Kopf zerspringen

Mit ihrem Holzbein tanzt sie wirbelnd schön
mit Dreck und Blut im Hals kann sie noch lauter singen
aus Geifer Gift und Leichenresten
baut sie tückisch Bauch- und Magenschlingen

Mit denen sie oft Schaben Mäuse Menschen fängt
in Brand das Donauwasser stecken könnt
Benzinmotoren laut zum Stottern bringt
mein Weib das Hexenluder kreischt und singt:

Hallelujah hui der Teufel ist mein Meister
Hinkebein und Satansbubi heißt er!

Fettgewächs

Du horch einmal
bist du jetzt du oder ich oder
wer bist du sonst
oder was
sagt stets der kleine
Mann im Ohr
das Fettgewächs am
Hals das Schandmaul
zwischen Grind und Schuppen
du ich bin sagt das
gar nicht allein
hör zu
wir sind zu zweit
allein

Sprünge

Scherben bringen Unglück
denkt der Hase im Porzellanladen
und legt sich
zum Nilpferd in den Pfeffer

Nur Eile mit Tempo
sagt fix die Flinte im Korn
die Flüsse fließen den Berg hinauf
und finden keinen Mohammed

Sich regen bringt gar nichts
nur Haare in der Suppe
denken die Sprünge
und helfen sich selber drauf

Kinderlied

Dir zuliebe möcht ich Gaukler sein
Dieb oder Zauberer oder alles auf einmal
dir zuliebe möcht ich's Mondlicht klauen
und über dein Bett streuen
oder gleich den Mond an die Decke hängen

Dir zuliebe möcht ich den Feldberg
in deinen Vorgarten stellen
mit all den Schipisten und Schlittenabfahrten
mitsamt dem feinen Winterschnee
sogar im Sommer

Dir zuliebe möcht ich den Frankfurter Dom
in den Hessenpark verpflanzen
für dich möcht ich die ewige Jugend klauen
und sie dir als Amulett
an einer langen Goldkette um den Hals legen

Für dich möcht ich alles tun
einfach alles
aber du hast mich gestern bis heut
nicht ein einiges Mal angeguckt
nicht einmal bemerkt hast du mich
mich den größten Zauberer Dieb Sänger
und Liebhaber aller Zeiten

Mein Onkel

Hannes hat er geheißen
der Onkel von meinem Onkel
einen langen Schnauzbart hat er getragen
umd beim Schützenfest anno zwölf
hat er einen Preis gekriegt
sogar der Kaiser Wilhelm hat ihm damals
die Hand geschüttelt

Mein Onkel heißt Benno
und der hat nur den Papst gesehen
neunzehnhundertfünfzig als Tourist
auf dem Petersplatz
unterm Adolf war er Blockwart
gewesen und nachher
im Krieg Unterfeldwebel
heute ist er Buchhalter
bei Matthei & Co

Die Person von seiner Person
hat einen kleinen Mann im Ohr
seitdem er eins über die Birne bekam
von einem Russen
hat er einen Dachschaden weg
sagt meine Tante
das ist die Frau von meinem Onkel
und die muß es wissen

Vielleicht ist er auch nur
unzufrieden wer weiß
vielleicht weil ihm der Adolf nicht

die Hand geschüttelt hat
damals
oder auch nur weil meine Tante
aus all ihren Nähten platzt
die fette Schlampe

Früher hat er mir
oft ein Fahrrad geschenkt oder
eine kleine Trompete
aber seit ich ein Motorrad hab
und eine Lederjacke
läßt er höchstens drei Mark
für Zigaretten springen
der Geizhals
Rocker gehören ins Kittchen
sagt er
dich seh ich bald auch im Knast
mach nur so weiter

Einen Sparren hat er weg
mein Onkel

Aufdringlich

Gestern ist er mir auf Stelzen nachgehüpft
heute kriecht er mir auf dem Zahnfleisch hinterher
was eigentlich will er tun
wenn ihm die Augen aus dem Kopf fallen?

Kopfballade

Hut mit Kopf
Hutkopf
Kopf unterm Hut
ohne Haare
Glatzkopf
Kopf ohne Verstand
Hohlkopf oder
Dummkopf
Kerl mit einem
Brett vorm Kopf
Holzkopf
Kerl ohne Hut
mit einem dicken Kopf
auf dem Hals
Wasserkopf
Schwellkopf
Kerl mit einem Dickkopf
und einem politischen
Querkopf
da sitzt locker
der Kopf
Kopf runter
Rübe ab
Kerl ohne Kopf
Abkopf

Dialog

Wenn du unter die Dusche gehst
mußt du von einem Tropfen zum anderen hüpfen
und du hast eine Brust als hätte man zwei Linsen
auf ein Brett genagelt

Jedermann weiß: du bist nicht auf die Nase gefallen
du riechst deine Fürze im Dunkeln
und dir guckt man lieber auf den Buckel
als in dein Gesicht

Du hast ein Maul wie ein Müllschlucker
täglich verschluckst du dein Gebiß ohne zu ersticken
und du? sicher ist, wer dich bei Nacht klaut
bringt dich bei Tag gleich wieder zurück

Wunder

Der ganze Kerl
war ein Gletscher aus Eis
sein erstarrtes Herz ein-
geschlossen darin
sie kam endlich sah
und berührte ihn

Nun ersaufen beide
im Schmelzwasser

Damals

Deine ersten Liebesbriefe
hast du mit den Augen verschickt
damals im Sommer
und deine Zunge war
ein lustiger Vogel gewesen
täglich hat er gezwitschert
und Lieder gesungen

Heute aber hast du
eine rostige Klapper im Mund
und statt der Briefe
schickst du knorrige Flüche
oder einen Reisigbesen
zum Gruß

Die Alte

Die humpelt ihrem Sterben
von Jahr zu Jahr
immer schneller davon
die ist ihrem eigenen
Tod schon zu alt

Abwarten
die Alte überlebt uns alle
die wirft noch
mit unseren Knochen
die Nüsse von den Bäumen

Warn- und Schmähgedichte

Litanei

Geh raus aus
dir aus deinem
Schneckenhaus dem
Wanzenloch
nun komm schon geh
laß doch heraus
das Schwein
aus dir die
Sau dann
kannst du sie
erschlagen

Komm schon geh
heraus
du Schwein es
sitzt dir schon
am Hals so tief
und grunzt
sitzt nicht einmal
der Wurm

Es kommt
nicht raus es
stinkt und
steht dir schon
das Leben
bis an den Hals

Die Wutz die
kriegst du doch nie

los: du mußt
du mußt die
Sau
du mußt dich selbst
erschlagen

Bleib drin in
dir laß nicht
mit falschen Flötentönen
dich raus dich
aus dir selbst
rauslocken

Geh raus bleib
drin du
bist dir selbst
ein feste Burg das
tiefste Schlammloch ist
nicht wahr die
Sau
die Sau ist wahr
komm jetzt heraus du
geh und bleib!

Die Wutz das
Vieh ist doch
ein Köter nur für
die für dich die
andern ist
der schärfste Wachhund jetzt

allein dein
schlecht Gewissen

Die Wutz dein
schlecht jetzt haben wir
dich gleich und lassen
nie mehr los die
Sau das
bleibt in dir
bis daß bis
daß du
stirbst

Dichter im öffentlichen Dienst

Da lebt er wie die Made im Speck der
kleine Angestellte
suhlt sich im süßen Sozialdreck der
genießt ohne Scham nimmt sich das Recht nimmt
und mault dennoch über die miesen Verhältnisse
die miesen verkorksten
denen er täglich voll angeblich immer
ausgesetzt das arme Schwein suhlt sich grunzt
und lamentiert mit Pathos in der Kehle
und läßt sich feiern ehren als Rebell der
sonnt sich faul und wärmt den unverschämten Pelz
im aufgeheizten sogenannten: Betriebsklima
der kleine der schäbige dieser
Aufmucker im adretten Angestelltenanzug unser
Dichter

Kündigungsgrund

Herr Meier
 was Sie heute sind sind Sie durch uns
auf unsere Kosten
das merken Sie sich

Sie sind Angestellter bei uns
und kein Sozialfall
Sie werden nicht fürs Faulenzen bezahlt und fürs Bloß-
Rumhocken
was Sie privat machen ist uns egal
Dichter dürfen Sie von uns aus nach Feierabend sein
Solange Sie nicht unseren Ruf schädigen
mit Ihrem Geschreibsel
Sie identifizieren sich zu viel mit sich selbst
und zuwenig mit der Firma
Ihre Ansichten sind nicht unsere Ansichten
Sie sind aufsässig
Sie geben Widerreden
Sie sind unfreundlich zu den Kunden
Sie reden den Leuten nicht ständig nach dem Maul
Sie gucken ihnen nur drauf
aufs Maul
und das ist geschäftsschädigend

Am Tag sollen Sie etwas tun für das Geld
das wir Ihnen zahlen
mit der Firma durch die Firma für die Firma
Sie aber haben uns enttäuscht
Ihre Renitenz verdirbt unseren guten Ruf
Sie sind für uns ein Risiko

wir haben etwas zu verlieren durch Sie
Sie haben wir fehlinvestiert

Weshalb wir Ihnen dringend empfehlen
sich von uns zu trennen

II

Das Vertrauen in Sie ist gestört
Herr Meier
und eigentlich dürfte ich Ihnen als Vorgesetzter
keinen Ratschlag mehr geben
trotzdem:
gehen Sie in die Versenkung
ducken Sie sich
geben Sie keinen Laut mehr von sich
was der Chef von Ihnen verlangt
ist nur etwas
was er von jedem unserer Angestellten
erwarten kann – erwarten muß:
Unterordnung! Zweckverhalten! Anpassung!
vor allem aber: Leistung!
das ist ein Lernprozeß
und wenn Sie den nicht durchstehen
ist an Ihnen Herr Meier
Hopfen und Malz verloren

III

Ich hab die Lektion verstanden
aber zu spät kapiert:
alle Aufstiegschancen den Duckmäusern!
danke ich verzichte Herr Doktor

Trau schau den Freunden

Erfolg schafft Freunde massenweise
Wechselbälger!

Freunde die du nie gekannt hast
heißen dich ihren Freund
sie balgen sich mit Freunden um deine Freundschaft
sie loben ihre Freundschaft und bieten sie feil
jeder ist ein besserer Freund als der andere Freund
jedermann kennt dich als Freund
so viel Freundschaft hat es noch nie gegeben

Sie putzen deine Nase mit ihren Fingern
sie kriechen dir ganz persönlich in den Hintern
aus lauter Freundschaft
sie machen sich in deinen Falten breit
sie sonnen sich in deiner Sonne sie saufen mit
sie hängen dir bleischwer am Hals die Freunde
und bald zum Hals heraus

Erst wenn du den Erfolg von hinten siehst
fallen sie ab wie Zecken
vollgesogen vollgefressen satt
die Not hält (schöner Trost!) ihre Freundschaft feil

Trau schau den lieben Freunden

Warngedicht

Angenommen
er kehrte wieder ...

Wenn er wiederkehrte
kahlgeschoren
halbverhungert unter zerlumpten
Sträflingsklamotten
wer unter uns
würde ihn erkennen als
künftigen Erlöser?

Wenn er wiederkehrte
sich schleppend
im brandversehrten Tarnanzug
wer unter uns
verstünde die Botschaft
geschrien unter der
Strahlenschutzmaske?

Wenn er wiederkehrte
er wäre niemand und nichts
denn keiner von uns
hört mehr die Engelstrompeten
Fauchen der Rampen und Silos
ersetzt sie
und unter uns keiner
weiß den Blitz noch sicher zu ketten
an die Vernunft

Wenn er wiederkehrte
nur um zu warnen:
zurück! verschlungen wird sonst
der Stern von Bethlehem die Hoffnung
vom weißen Blitz –
würden wir ihn erkennen?

Die Botschaft

I

Morgen Kinder wird's was geben …
und keiner will den Christbaum putzen

Hör auf Heiner was wird's schon geben
für kinderreiche Familien:
jedes Jahr denselben Ärger
Kuchenteig rühren, Plätzchen backen
und der ganze Baumschmuck vom letzten Jahr ist kaputt
das Lorchen bräuchte dringend einen neuen Mantel
der Erwin wünscht sich ein Luftgewehr und flennt
weil er nur zwei Strümpfe kriegt
was soll es schon geben, Heiner
wenn hinten und vorne das Geld nicht reicht

Die jetzt im Jumbo nach Portugal fliegen
nach Teneriffa oder Agadir
die das Fest in der Südsee feiern
all denen fröhliche Weihnachten
Hosianna!

II

Wach auf, Alter, wechsel die Socken
und zieh ein frisch gebügeltes Hemd an
das Christkind steht vor der Tür
und keiner will's hereinlassen
die Lisbeth läuft noch in Lockenwicklern herum
das Lorchen nörgelt und die Bälger kreischen
Heiliger Abend hallelujah
und mach endlich das Geplärr vom Plattenspieler aus!

Los, Heiner, zünde die Kerzen an
heute ist der Heiland geboren
aber wirf den Baum nicht um dabei oder die Kugeln runter
die Reklameengel in den Schaufenstern frohlocken
(sie zwitschern schon seit sieben Wochen davon)
und die Christbäume sind mit Sprüchen behängt:
Friede auf Erden und denen ein Wohlgefallen
die wir gut leiden können

O du fröhliche, o du selige
Jahreszeit für Geschäftemacher, Politredner
und Seelenverkäufer
Friede den Armen, wenn sie die Reichen noch reicher
machen
Friede den Feinden, wenn sie tot sind
Friede all denen, die guten Willens sind
und unserer Meinung

Kümmeltürk' im Schlaraffenland

Du, wieviel haben wir's denn? Na, wie spät, wieviel Uhr? Hau matsch Klock, bimbam, digdag, versteh? Du nix versteh, was? Gar nichts verstehst du, Makkaroni! Nein, nein, nix Makkaroni, nix lutsch-lutsch, nix zu fressen mampf-mampf, nicht einmal das kapierst du, Spaghettifresser, blöder, oder bist du vielleicht gar keiner? Ein Türk' bist du, was? Ein Kümmeltürke, so ein Dreck- und Feuerschlucker aus der hintersten Türkei, wo sie Stroh, Kamelmist und kleine Kinder fressen, oh, ich weiß Bescheid, und jetzt kommt ihr her zu uns ins Schlaraffenland, um euch satt zu fressen, gelt? Ei, ich kenne euch doch, euch Brüder, Unterstützung kassieren und uns die Arbeit wegnehmen, nicht wahr, so ist das doch, und dann macht ihr euch breit samt euren stinkigen Weibern, und die macht ihr alle neun Monate schnell wieder dick, ihr brünstigen Affen, und eure Weiber schmeißen die Würfe wie Katzen, unter drei Kindern geht's nicht, und jedes Jahr kommt ein Haufen neuer dazu, wirklich, wenn, wenn wir nicht aufpassen, kriegen wir hier Zustände wie bei einer Rattenplage, und ehe wir uns vergucken, habt ihr aus unserem Deutschland eine neue Türkei gemacht mit einer Bande Arbeitsloser, verlausten Zottelweibern und vergammelten Häusern, ihr Kameltreiber. Am besten, ihr haut wieder ab, nur fort, geht dahin, wo der Pfeffer wächst, bevor wir euch selbst rausschmeißen oder kaltmachen – hast du mich verstanden? Immer noch nicht? – Wie soll der auch, möchte nur wissen, was der eigentlich hier will …

– Sie!

– Was denn, meinen Sie mich?

– Genau, Sie meine ich, Sie Dummschwätzer. Haben Sie mal Feuer?

– Äh, hab' ich … sowas, der kann ja deutsch reden!?

Zwei Sprachen – Sprachlos

Wie geht's ...?
gutt gutt ...
was wie?
ei ei iss gutt
ach so verstehe
du Ei ich meine
das Ei von
Hünchen Huhn
gackgack kapier
gutt gutt
na also weiß ichs doch
ihr alle miteinander
stimmts?
freßt sie gern die
Eier korbweise
mitsamt den Hühnern

Ihr alle klaut
die Hühner
Eier Ferkel Schweine
wo ihr sie
nur kriegen könnt
na was denn ja
euch kennt man doch
euch Raben
euch Wölfe mit
den schwarzen Bärten
die früh
das Heulen Reißen Schlagen
Klauen Ficken

lernen
bei sich zuhaus
ganz unten da
in der Türkei
Du Mensch nix gutt
wie was? was
willst du wieder he!
du Maul halts gutt
du Mensch nix gutt
nur gutt
zwei Meder unterr
Ärrde

Schmählied

Ach diese Bürger aus Schilda
was für kleinkarierte Spießer
sie haben nie von Aristophanes gehört
hinter Bad Seckbach ist Ihre Welt zuende
vernagelt mit Frankfurtensien
ihr Kerzenstummel gibt kein Licht
im glasierten Pisspott

Figuren aus Nippes vergoldet wie Barockengel
was haben sie nur was jammern sie lauthals
sie leiden an Platzangst
sie haben Schrot in den Hinterbacken
und einen Giftpfeil im Bauch

Ein Jammertal die Moderne
von Schändern wimmelts von Sprachverhunzern
die Heiligenbilder werden zertreten
Tanz der Fäkalien süßer Duft vom Main
das Weihwasser gerinnt zur Brühe
die Kacke dampft

Ach diese nostalgischen Frührentner
Radieschenbeete anlegen
Unkraut jäten
samstags der Kaffe aus geblümten Tassen
lyrische Schrebergartenkultur
mit Gartenlaube
und der geflügelte Trostspender
überm WC

Kein Trost im Rauhreif
ein Blick zurück in Wehmut ach
nichts Erbauendes im bissigen Sprachbrot
so hart Gebackenes wird nicht gegessen
zum Kotzen ist das
wo bleibt nur das Positive?

Anpassung

Man kann als Wolf
im Schafspelz so lange herumlaufen
bis man anfängt
am Grasfressen Geschmack zu finden

Wenn man erst
den warmen Pelz zu schätzen weiß
lernt man auch das Blöken
und das Sich-Herunterducken

Anpassen und Grasfressen
denkt man noch als Wolf
die ersten Knollen aber
scheißt man schon als Schaf

Böse Litanei der Wünsche

Aus den sieben fetten Jahren sind über dreißig geworden
und ihr wünscht euch daß es immer noch mehr werden
und noch mehr und noch mehr und noch mehr
wollen kriegen und haben
so ständig leiert ihr ab die Gebetsmühle der Wünsche
aber sie fängt an zu quietschen zu knirschen seit Jahren
und eben gibt sie keinen Ton mehr als Klappern und
Heulen: schlecht geht's schlecht es geht immer schlechter!

Ja ihr sollt haben was ihr verdient
denn verdient habt ihr schon immer am Haben
ihr sollt kriegen was ihr wollt
denn gewollt habt ihr schon immer das Kriegen:
soviel ihr nur kriegen könnt
soviel ihr nur haben könnt
kriegen und haben und noch mehr haben
auf Kosten derer die nichts mehr haben
den hundertmillionen Habenichtsen
auf Kosten derer die zuerst ausgebeutet werden
und dann verhungern dürfen
damit ihr was kriegt und immer mehr kriegt
fürs Haben

Ihr sollt kriegen was ihr verdient:
ihr sollt künftig zu fett werden am Haben
und krepieren am Zuviel-haben-wollen.

Kleiner Schildbürgerschimpf

I

Hau ab zieh Leine Tappes der Main brennt
oder sag den Nasentrompetern sie sollen ihren Rotz ins Wasser schnippen
und ihr bißchen Dreck im Hirn dazu
morgen geht die Welt unter –
ihr faulenden Fettsäcke
ihr Bierlümmel Handkässtinker Drecklappen Fressenputzer
schmeißt eure Schlaraffengesichter samt den falschen Zähnen in die Brühe
der Main brennt und die Nutten kacken Eier
heute Nacht kriegt der Herrgott einen Stumper
die uralte runzlige Erde wackelt und der Mond kotzt Lumpen
ein kranker Furz kann nicht fröhlich stinken
hat der Teufel gesagt und Öl aufs Feuer geschissen
das Miststück hat dem Herrgott eine Atombombe unter den Hosenlatz geschoben
und der Simpel merkt's nicht
Leute kauft euch Aktentaschen es kommen lausige Zeiten
und laßt eure Köpfe daheim die sind sowieso leer
Feuer! der Main brennt und ihr könnt es nicht ausschwätzen
der Teufel will sich ein Feuer machen und läßt die Welt hochgehen
wenn dem der Arsch brennt hat er's Jucken gespart
und ihr hohlköpfigen DeMark-Schwitzer Fettklumpen Obrigkeitsbuckler Profitwanzen
ihr Hosenscheißer habt keine Ahnung
Fresser denen der Notstand aus dem Maul stinkt
weil sie überm Löffeln das Denken vergessen
jetzt habt ihr Magenzwicken und der Bauch geht euch auf wie ein Kreppel

Feuer! der Main brennt und ihr könnt's nicht ausblasen
ihr atlantischen Feuerwerker Vorwärtsstrategen Blechorden-
verdiener
zieh die Jauchepumpe Tappes die Welt geht unter
und dort wo sie untergeht liegt Sachsenhausen

II

Zieh Leine Tappes der Main brennt
lichterloh brennt er selbst am Himalaja sieht man es
und die Eskimos schreien: Feuer der Main brennt!
ihr Dreckspatzen Spießer Hampelmänner Gartenzwerge ihr
Pinscher
ihr Schwammbuckel Stammtischkrakeeler Thekenglotzer
ihr riecht nach Menschen nur wenn ihr besoffen seid
Hauptsache ihr habt was für den Durst und die Bildzeitung
fürs Gemüt
doch aller Ärsch Aufgänge sind euch knüppeldick schnuppe
bis euch selbst das Wasser drin kocht und der Dampf zum
Hals herauskommt
heute Nacht fängt die Bombe an zu tanzen
und der Globus wackelt mit den Ohren wie ein Topfgucker
wacht auf ihr Brunnenvergifter Schlammscheißer ihr Maurer
und Stacheldrahtflicker
ihr Wirtschaftswunderländler
das Wunder hat ein Loch die Wirtschaft
geht baden
ihr Volkswagenfürsten Kühlhaubenwiener Eigenheimbastler
kauft euch Sand die Köpfe reinzustecken
morgen ist bald und die Welt geht unter

III

Habt ihr's gehört: der Main brennt
sperrt die Ohren auf und legt eure Nasen in den Wind
von da wo er herweht kommt nichts Gutes
ihr Mitläufer Mucker Jawohlbrüller Strammsteher Schmißhähne
ihr vaterländischen Vereinsgärtner
euch ist die Haut zu kurz und das Maul zu groß geraten
euch soll die Krätze im Fell aufgehen wie Mohnsamen auf dem Acker
ihr Arschlöcher!
euch steht ein Stiefelabdruck im Gesicht besser als ein Orden am Hals
ihr habt noch immer nichts dazugelernt
denn heute gehört euch Deutschland und morgen geht die Welt unter
ihr Kasernenhofschreier ihr Schrumpfgermanen Hakenkreuzschmierer Judenfresser
nicht genug sind eure Köpfe illuminiert worden
am liebsten möchtet ihr die Welt in Brand stecken und eine Lunte an den Main legen
würde er nicht schon brennen
denn der jüngste Tag ist angebrochen die Toten machen Krawall
zieh die Jauchepumpe Tappes der Main brennt
und wenn er nicht brennt will ich Sigel heißen

Macht

Geist und Macht
schließen sich aus
sagen die Denker
denn Macht braucht Gewalt
und Geist
ist immer gewaltlos
ich aber sage:
Geist ist Macht
ohne Gewalt

Dummschwätzer
sagt da die Macht
ich bin
der Geist der Gewalt
wehr dich also
wenn du Macht hast!
und reißt mir kichernd
den Kopf vom Rumpf

Kultur-Image
(oder Herr M. schlüpft in eine Rolle)

In de Vorschdandsedaasche
schlaache merr uns uff die Bäuch
rundgefresse schee un vollgeschdoppt
mit na Se wisse was
ich maan: mit naja
des is kaa ordinäres Fett
naanaa des is
Kuldur

Nor uff de
effentliche Plätz
da kennt merr uns noch net genau
Se wisse doch: des Volk is bleed odder
aafach verhetzt
die Hamsderqualidäd von unsre Bäuch
haaßts guhd ze tarne haaßts
dorsch Mäzenadedum un dorsch
Kuldur

Was is die best Werwung ewe?
ei des Wohldäder-Imitsch isses allemal
die best jawoll des lenkt se ab
vom Niedrischzins fer ihr
in ehrlicher Awweid sauer Erschbardes duhd
uns laad Se wisse: laad
merr sin druff aagewisse
un dademit aach uff die sogenannt Naja-
Kuldur

Die Große ärjert
unser weit iwwerheet merr
duhns bedauern
Kreditzinsbolidik
die Klaane
wormme sich iwwer unser mordsgeschossische
Glas- un Bedongpaläst
die Betriewe freilisch unser
Inschdidudde die
sin grindlisch dorschrazionalisiert
die Beleechschafft uffs letzde
runnerreduziert
was eichentlisch soll da was noch die
Kuldur?

Merr misse ne
dene misse merrs
uff Deiwel-komm-raus beibringe
verschdehn Se des eihämmern ei –
un des is Imitschwerwung
dasse die needischer hawwe als Niedrischzinse
Geschäft is Geschäft
un daß merr se uns was kosde lasse
kosde lasse
uff dene ihr Kosde die
Kuldur

Die Demonschdrande Hausbesetzer
Schdartbahngeechner un Kaode
die werrn merr aafach infildriern

unnerwannern umkremple denn
Oekoloschie is Nonsens
wichdisch is
fers Volk (fer uns) die Konjungdur!
un die kaschiern merr gelle schee
un iwwerzeuchend lauthals mit
Kuldur

Aussicht

Zwischen mageren Beinen
der schlaffe Hodensack
stört die Aussicht
auf das makellose Porzellanweiß der
Toilettenschüssel

Was da baumelt
uriniert tröpfchenweise statt
loszuzischen aus
voller Blase

Leichtes Schwindelgefühl
vorher und danach
halluziniert das möglich Ende
der Sackgasse
zwischen den Beinen –
die Unterhose verpißt

Von Mausclick, Crash und Datengau

Seuche

Alarmstufe Rot im
World Wide Web:
die Viren-Pest geht um
Großunternehmen werden
verseucht Institute Verwaltungen
die elektronische
Kommunikation bricht zusammen
vernetzte Dateien
werden gelöscht
rund um den Globus
grassiert die virtuelle
Epedemie
das Internet verharrt
in ohrenbetäubendem Schweigen
Lähmung geht um Er-
starrung es wächst
die Angst

Fieberhaft basteln
Programmierer an neuen
Schutzprogrammen Sicher-
heitscodes
und nicht mehr zu knackenden
virtuellen Elektronik-
safes

Aber immer
wenn kindlicher Spieltrieb
und kriminelle
Energie der Hacker sich
einen
gewinnt das Chaos
brechen die Schlösser

Bis heute
keine Schutzimpfung
gegen Viren in
Aussicht
sie lauern weiter
im Netz

Von Mausclick, Crash und Datengau

I *Mausgesang*

Was macht die Maus im Fingergriff?
Sie hüpft sie klickt
und daddelt wild am Keyboard quer
und Bildermatsch und Horror
entfesseln sich und toben tags
und nächtelang mit uns durchs Netz

Rein virtuelle Welten
Sternströme Galaxien und ferne Räume
explodieren auf der Netzhaut
o digitaler Zauber!
Messias ist zurück: Computer named
das ist die neue Gottheit
wir lieben sie und beten an
per online heut und morgen

Wir surfen in die Zeit
und durch die Ewigkeit
wir knien verzückt vorm Schirm-Altar
und werden high
und Gott streunt geil durchs Internet

II *Warnung*

Ihr habt es
entdeckt und aufgeweckt in
guter Absicht

ihr habt es hochgezüchtet allen
Warnungen zum Trotz
besessen gewissenlos fanatisch
in übler Absicht das
Atom

Jetzt treibt ihr
das gleiche mit den Genen
Erforschung Entwicklung und Vermarktung
in bester Absicht
Manipulation des Lebens Aus-
beutung des Erbguts ...

Wie lange noch?
Der Preis wird hoch sein
zu hoch

·

III *Crash*

Boom! Boom!
der Dow schießt nach oben
beispiellos zum
Jahrtausendgipfel und immer noch
höher die Kurse
spielen verrückt

Entfesselte
Spekulanten Zocker Börsen-
profis alle

treibt die Gier nach
Rewach Rendite den streunenden
Dollarmilliarden
im schwarzen Finanzall

Die Milleniumparty
der Börse beginnt die trunkenen
Aktionäre
starten zum Gipfellauf
trotz Höhenrausch und
Herzattacke

Boom der Großfusionen
die Konzernchefs
heulen und beten Schaum
vor den Mündern
der Analysten Broker und
Spezies
es wetterleuchtet

Keiner von ihnen erkennt
im Taumel die Warnung das
Kurszeichen der Hölle
den künftigen weltumfassenden
Zusammenbruch
den tödlichen
Crash des Jahrhunderts

IV *Datengau*

Vorfahrt durch den Datenstrom!
in Lichtgeschwindigkeit
jagt er durch das Monsternetz
zweikommavier Gigabit pro Sekunde
die Datenautobahn wird zur Rennstrecke
aber auf der digitalen Überholspur
kollidieren die Datenpakete
zum Supergau

V *Krieg der Zukunft*

Der Erstschlag
kommt aus dem Cyperspace
tückische Softwarebomben
machen feindliche Daten zu Müll
elektromagnetische
Befehlszentralen Kommandobunker
geraten außer Kontrolle
Computer spielen verrückt

Soldaten mit Laptop
und Modem bewaffnet
verüben Datenmanipulationen
per Viren werden Programm-Strategien
und Satellitensteuerungen
gelöscht in Sekundenschnelle

Kriege werden gewonnen
durch Informationen und E-Mails
Softwarebomben
sind die Killerwaffen der Zukunft
sie garantieren Chaos
und schnelle Siege

VI *Computerängste*

Informationen Kommunikationen
ins Unvorstellbare vervielfacht
blitzen durch digitale Stränge
einhunderttausend Bits pro
Sekunde nisten sich in die Superspeicher
der Elektronengedächtnisse
Wissen Denkvorgänge Entscheidungen
millionenfach gebündelt in winzige
Chips gepreßt
stehen auf Abruf bereit

Das Hirn ist überflüssig geworden
der Geist ersetzbar was
aber geschieht
wenn der große Computer störungsanfällig
in Agonie fällt?
Stößt er
menschliche Seufzer aus Lallen oder
singt er am Ende
ein Kinderlied?

Morgen

Morgen geschieht
die digitale Rekonstruktion
eines Supergehirns
einzig zum Zweck seine
Speicherkapazität zu nutzen

Elektronische Nervenbahnen
werden aktiviert
der Geist vervielfältigt sich
millionenfach

Die Büchse der Pandora
entpuppt sich
als Megacomputer
virtuelle Mikroben.
verseuchen das festplattengestützte
Universum des Internet

Was bleibt:
ein Kichern im All

Gewinner und Verlierer

Gewinne aus
Verkauf von Wertpapieren
aus Termingeschäften
innerhalb und außerhalb von
Spekulationsfristen
Ausschüttungen
Fondserträge
Erlöse aus Bezugsrechten
Zinsen Dividenden Miet-
einnahmen
und Kursgewinnen
der Fiskus schluckt mit
rückwirkend oder im
voraus immer
ohne Bauchgrimmen
und Rülpser

Die Anleger jammern
die Kleinsparer strampeln
die Steuerberater frohlocken
die Spekulanten aber
nervös und ungeduldig
warten auf ihre die
bessere Zeit
zum Absahnen Einstreichen
Übervorteilen
Profitmaximierung
ist ihre Moral
ihre Religion einzig der
Profit

Die im Abseits
Völkerschaften der Armut in
Dritt- und Viertländern
stöhnen unter
der Schuldenlast
und manche die
Allerärmsten unter ihnen
sterben
für ein paar Tropfen
Wasser auf Kredit

Mist

Mist ist Mist
und Scheiße ist
Scheiße sollte man aber
wann ist Gülle
mehr als Mist
oder überhaupt nichts von
beiden?

Das entscheidet
kein Umweltminister kein
Bodenschutzgesetz
kein Kreislaufwirtschaftsgesetz
Nicht einmal ein
Sickerabsonderungsgesetz
ob die Scheiße von
Rindern Schweinen Pferden oder
Schafen stammt

Nichts braucht eine –
die Höhe des
Grundwasserspiegels
die absolute Schadstoffgrenze
das Gift im Trinkwasser
die Gewißheit das
Siechtum
braucht keine Erklärung

Streikfieber

Branchen im Umbruch
die Tarifverhandlungen stocken
die Ministerien verlautbaren
der Arbeitgeberpräsident warnt
die Gewerkschaften drohen
die Kommentatoren überschlagen sich

Einzig Löhne und Sozialabgaben
gefährden die Arbeitsplätze
weg mit den Nebenkosten
Alterssicherung durch Privatrücklagen
Urlaub nur noch im Fünfjahresrhythmus
Stopp dem Bildungurlaub

Anmaßung der Unternehmer
sie sabotieren sie stellen in Frage
sie blockieren und verweigern
geifern die Gewerkschaften
Unrealistische Forderungen
sie vernichten Arbeitsplätze
sie provozieren Massenentlassungen
und Flucht der Unternehmen ins Ausland
geifern die Arbeitgeber

Das nicht mit uns !
wir lassen uns nicht das Fell über die Ohren
keine Abstriche mehr Ende der Ausbeutung
unser Streikwille ist ungebrochen
wüten die Arbeitnehmer

Niedergang des Sozialstaats
Triumph der Unvernunft der Mißverständnisse
die Schlagzeilen wuchern
Schlagworte geraten außer Rand und Band
das Volk gerät in Verwirrung
der Bürger schweigt

Kampfpiloten

Beschleunigung von null
auf zweihundert
rollende Katapultschlitten Düsen
dröhnen zum Himmel da
huschen riesige Flügelschatten
hinauf

Keine Zeit mehr
zum Nachdenken in großer Höhe
der Auftrag ist alles
einzig den Job tun heißt
das Planquadrat finden
und ausklinken per Zielcomputer
aus großer Höhe
blutige Irrtümer
rauschen hinab

Zurück vom Einsatz
knallen die Fanghaken jäh
in quergespannte Trossen aus Stahl
jetzt erst und mählich
weicht Adrenalin aus dem Hirn
der Piloten

Brüllende Stille
für Reue keine Zeit

Kosovo

Kriegsgeschrei übertönt die leiseren
Stimmen der Vernünftigen und Warner
die nach Frieden rufen werden geächtet
wo Politik versagt und Gespräche scheitern
geben Geschwaderlärm und Detonationen
die einzig verständliche
schreckliche Antwort

Es ist noch zu früh rufen die einen
und meinen die immer noch glimmende Hoffnung
es ist fast schon zu spät die anderen und meinen
den taktischen Vorteil des Erstschlags
doch niemand hat recht in einem Krieg
und wer mit Bomben strafen will und mit Feuer
straft am Ende die Menschen

Die schuldlos sind am Unrecht
das hunderttausendfach geschieht durch
Elend bittere Not und Vertreibung weit weg
und doch ganz nah am Bildschirm herznah
Leid der Ärmsten weckt Mitleid der Armen
sie teilen ihr letztes Stück Brot
im Elend mit ihnen und Hilfe geschieht

Doch Macht weckt den Machtwillen stets
der noch Mächtigeren im Namen des Friedens
der Menschlichkeit oder der Wirtschaftsinteressen
(was sie verschweigen)

den wahrhaft Schuldigen gelte es zu treffen
den Brandstifter und Menschenverächter
Befehlshaber über die Soldateska des Todes

Aber trifft es ihn wirklich?
straflos wird er verschwinden wie viele vor ihm
die sich bereicherten und berauschten
an Blut und Macht in den Erholungsstätten und Luxusasy-
len der Wirtschaftsgangster
der Kriegsverbrecher Blutsauger und Mörder
ruhig und ohne Gewissensbisse

Vielleicht wird man ihn dort noch
hofieren und achten als sei er wie damals der Größte
der selbsternannte Führer und Einer des Volkes
in historischem Auftrag
denn büßen werden wie immer die Kleinen
die Befehlsempfänger Duckmäuser Mitläufer
selten die gutgedrillten fanatischen Täter

Die Geschichte beweist es

Inhaltsverzeichnis

Verse zum Überwintern

Romantische Gedichte

Lieder, Spaß- und Bißgedichte

Von Mausklick, Crash und Datengau

Die LYRIKEDITION 2000 wird herausgegeben von
Heinz Ludwig Arnold

Für Li + Gert Zeising
zum großen Ereignis
(40 Jahre verheiratet)
mit ganz herzlichen Glück-
und Segenswünschen
vom Maler- und
Poetenfreund

Kurt Sigel

Im September 2001

Das Buch

Bissige Ironie, Sprachspiel, Alliterationen, Schüttelworte, Kalauer aus der Umgangssprache, Mundartgedichte, aber auch Nachdenkliches findet der Leser in den Texten von Kurt Sigel. Bei aller Verschiedenheit der Genres und Formen – die Gedichte entstammen verschiedenen Stadien von Sigels Schaffen – ist den Gedichten, Liedern und Nonsensversen die intensive, kritische Auseinandersetzung mit Umwelt und eigener Person gemeinsam, ergeben sich präzis formulierte und eindringlich vorgetragene »Widerworte« zu Situation und Zustand im Umkreis des Autors.
Im Schreiben reagiert Sigel auf die Herausforderung des Lebens. Er nennt sich einen »... einsamen Sänger / der sich auslebt mit Worten / rüden scharfkantigen / und den vielen Zischlauten / des Dialekts« (»Selbstporträt«).

Der Autor

Kurt Sigel, geb. 1931 in Frankfurt/M. war ursprünglich Schriftsetzer und Grafiker. 1971–1981 war er Galerieleiter und Kustos in Frankfurt. Seit 1982 ist er freier Poet und Schriftsteller. Er veröffentlichte 18 Bücher: Gedichte, Erzählungen, Satiren, hessische Mundarttexte und Romane, zwei Langspielplatten, u. a . »Flammen und Gelächter«, Gedichte, München 1965; »Kotilow oder Salto mortale nach innen«, Roman, Düsseldorf 1977. Weithin bekannt wurde er mit seinem ersten Mundartbuch »Feuer, de Maa brennt«, Frankfurt 1968. Sigel bekam verschiedene Förderpreise und war zweimal Stipendiat des Deutschen Literaturfonds (1982 und 1988). 1992 erhielt er die Ehrenplakette der Stadt Frankfurt am Main. Seit 1974 ist er Mitglied des P.E.N.